POR QUÉ
EXISTEN REGLAS EN LA ESCUELA

PATRICK HELY

TRADUCIDO POR ESTHER SARFATTI

Published in 2019 by The Rosen Publishing Group, Inc.
29 East 21st Street, New York, NY 10010

First Edition

Translator: Esther Sarfatti
Editorial Director, Spanish: Nathalie Beullens-Maoui
Editor, Spanish: Natzi Vilchis
Editor, English: Jennifer Lombardo
Book Design: Tanya Dellaccio

Photo Credits: Cover Sergey Novikov/Shutterstock.com; p. 5 wavebreakmedia/Shutterstock.com; p. 7 gpointstudio/Shutterstock.com; p. 9 vgajic/E+/Getty Images; p. 11 RUSS ROHDE/Cultura/Getty Images; pp. 13, 19 Monkey Business Images/Shutterstock.com; p. 15 Lorena Fernandez/Shutterstock.com; p. 17 kali9/E+/Getty Images; p. 21 Syda Productions/Shutterstock.com; p. 22 ESB Professional/Shutterstock.com.

Cataloging-in-Publication Data

Names: Hely, Patrick.
Title: Por qué existen reglas en la escuela / Patrick Hely.
Description: New York : PowerKids Press, 2019. | Series: Por el bien común | Includes glossary and index.
Identifiers: LCCN ISBN 9781538335581 (pbk.) | ISBN 9781538335574 (library bound) | ISBN 9781538335598 (6 pack)
Subjects: LCSH: Schools–Juvenile literature. | Student etiquette–Juvenile literature.
Classification: LCC BJ1857.S75 H45 2019 | DDC 395.5–dc23

Manufactured in the United States of America

CPSIA Compliance Information: Batch #CS18PK: For Further Information contact Rosen Publishing, New York, New York at 1-800-237-9932

CONTENIDO

Tu comunidad escolar

Una comunidad es un grupo de personas que viven o trabajan en el mismo lugar y se preocupan por las mismas cosas. A menudo, los miembros de la comunidad tienen valores e ideas similares. La gente puede pertenecer a varias comunidades, entre ellas su ciudad y su barrio. Tu escuela también es un tipo de comunidad.

Cuando la gente hace cosas que **benefician** a toda su comunidad, están trabajando por el bien común. Trabajar por el bien común ayuda a que una comunidad funcione mejor. También mantiene contentos a sus miembros. Una forma sencilla de contribuir, o dar algo, al bien común de tu comunidad escolar es seguir las reglas.

Venimos a aprender

Piensa en un día en tu escuela. Probablemente tengas que seguir muchas reglas. Es posible que incluso te parezca que son demasiadas reglas. Sin embargo, sin reglas habría caos o una falta total de orden. Las reglas son importantes porque ayudan a todo el mundo en tu comunidad escolar a **concentrarse** en aprender.

Cuando sigues las reglas, como quedarte en tu asiento, demuestras respeto por tus compañeros de clase que están tratando de aprender. Si te levantaras de tu asiento y te pusieras a correr, te convertirías en una distracción. Las distracciones son las cosas que alejan tu atención de lo que deberías hacer, como escuchar a tus maestros.

11

Las escuelas tienen reglas para que no haya problemas en los salones de clase o fuera de ellos. Cuando sigues las reglas, demuestras a tus maestros y a tus compañeros de clase que te importa tu **educación**. También demuestras que te importa la educación de tus compañeros. Esto mejora las **relaciones** entre alumnos y maestros, lo cual hace que tu escuela funcione mejor.

Igualdad y seguridad

Las escuelas tienen reglas para que todos los alumnos tengan la misma oportunidad de aprender. Seguramente en clase tienes que levantar la mano antes de hacer o contestar una pregunta. Esto es para que todo el mundo tenga la oportunidad de hablar. Las reglas que **prohíben** que copies las tareas o exámenes también sirven para proteger a los demás alumnos.

Gracias a las reglas, tu escuela es un lugar seguro para aprender, tanto dentro como fuera. Las reglas que prohíben correr por los pasillos ayudan a los alumnos a moverse por la escuela de manera segura. Muchos alumnos caminan o van en bicicleta a la escuela. Las reglas del estacionamiento y las que dicen cuándo y dónde puede manejar la gente su auto, también contribuyen a la seguridad de los alumnos.

¿Quiénes hacen las reglas?

Los directores y maestros crean las reglas de las escuelas. Trabajan por el bien de la comunidad escolar al hacer reglas que ellos consideran útiles, justas y buenas para todos. Cuando los alumnos siguen las reglas, demuestran que son **responsables** y confiables. Algunas veces, los alumnos tienen la oportunidad de ayudar a hacer las reglas de su escuela.

Alcanza tus objetivos

Las reglas ayudan a las comunidades escolares a ser seguras y permiten que sus alumnos se concentren en aprender. Al seguir las reglas demuestras respeto por tu educación y la de los demás. Las reglas en la escuela ayudan a los alumnos a alcanzar sus objetivos y a tener éxito.

GLOSARIO

agradecer: dar las gracias a alguien.

beneficiar: hacer algo bueno para alguien o algo.

concentrarse: poner mucha atención en una tarea.

educación: acción de aprender o enseñar.

prohibir: no permitir que se haga algo.

relación: conexión entre dos o más personas o cosas.

responsable: se refiere a la persona que hace lo correcto o hace las cosas que se esperan de ella.

ÍNDICE

SITIOS DE INTERNET

Debido a la naturaleza cambiante de los enlaces de internet, PowerKids Press ha elaborado una lista de sitios web relacionados con el tema de este libro. Este sitio se actualiza de forma regular. Por favor, utiliza este enlace para acceder a la lista: www.powerkidslinks.com/comg/school